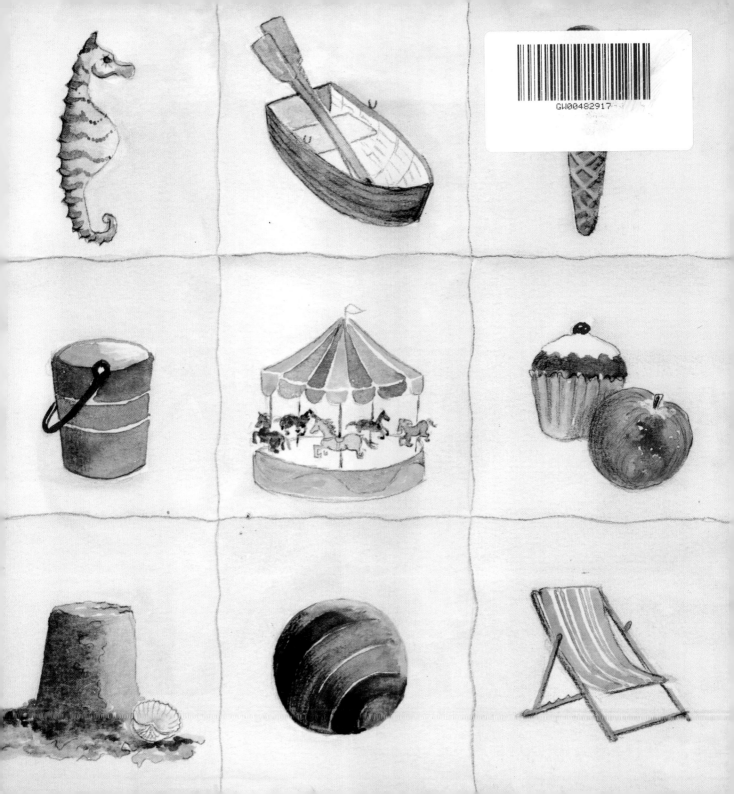

Do m'iníon, Caoimhe

© Rialtas na hÉireann 1994

Athchló, © Foras na Gaeilge, 2001, 2009

ISBN 978-1-85791-102-2

Arna chlóbhualadh in Éirinn ag
Printset & Design Teo.

Le fáil ar an bpost uathu seo:
An Siopa Leabhar,   *nó*   An Ceathrú Póilí
6 Sráid Fhearchair,   Cultúrlann Mac Adam-Ó Fiaich
Baile Átha Cliath 2.   216 Bóthar na bhFál
ansiopaleabhar@eircom.net   Béal Feirste BT12 6AH
                                           leabhair@an4poili.com

Orduithe ó leabhardhíoltóirí chuig:
Áis,
31 Sráid na bhFíníní,
Baile Átha Cliath 2.
eolas@forasnagaeilge.ie

An Gúm, 24-27 Sráid Fhreidric Thuaidh, Baile Átha Cliath 1.

MAMÓ COIS TRÁ

Mary Arrigan
a scríobh agus a mhaisigh

Oiriúnach do pháistí ó 4 go 7 mbliana d'aois

G AN GÚM
Baile Átha Cliath

Is breá le Mamó an samhradh.
'Mora duit ar maidin,' ar sise leis an
bhfaoileán. 'Táimse ag dul cois trá.'

'Neam neam,' arsa Mamó agus uachtar reoite á lí aici. 'Tá sé seo go hálainn.'
'Tá giota beag uaimse,' arsa an faoileán.

'Hó hó,' arsa Mamó, 'tá mo bháidín
ag gearradh na dtonn.'
'Aire duit!' a bhéiceann gach duine.

'Á,' arsa Mamó, 'luífidh mé tamall
faoin ngrian.'
Chuir sí uirthi na spéaclaí gréine agus
smear sí a haghaidh, a lámha agus
a cosa le lóis ghréine.

'Fág an bealach,' arsa Mamó in ard a gutha.
Tá sí ag léim san fharraige.

Tá Mamó ag snámh. Síos léi faoin
uisce.
'Glug glug. Nach álainn iad na héisc!'
ar sise.

Tá ocras ar Mhamó. Am lóin atá ann.
Tá sí ag ithe ceapairí agus ag ól sú
oráistí.
'Picnic bhreá í seo,' ar sise.

Tá Mamó ag imirt leadóige ar an trá.
Ach a thiarcais .....!
Cá bhfuil an liathróid imithe?
'Hoips!' arsa Mamó.

Tá Mamó i gceann de na báid luasctha. Suas léi go hard san aer. 'Hurá, hurá!' arsa Mamó agus í ag gáire.

Tá an oíche ag titim.
'Tá sé in am agam dul a luí,' arsa
Mamó. 'Oíche mhaith agat, a
fhaoileáin,' ar sise.